Patrick Rosenthal

DAS INOFFIZIELLE THE WITCHER KOCHBUCH

50 fantastische Rezepte aus der Welt des Hexers

riva

Bibliografische Information der Deutschen Nationalbibliothek
Die Deutsche Nationalbibliothek verzeichnet diese Publikation in der Deutschen Nationalbibliografie.
Detaillierte bibliografische Daten sind im Internet über http://d-nb.de abrufbar.

Für Fragen und Anregungen
info@rivaverlag.de

Wichtige Hinweise
Dieses Buch ist für Lernzwecke gedacht. Es stellt keinen Ersatz für eine individuelle medizinische Beratung dar und sollte auch nicht als solcher benutzt werden. Wenn Sie medizinischen Rat einholen wollen, konsultieren Sie bitte einen qualifizierten Arzt. Der Verlag und der Autor haften für keine nachteiligen Auswirkungen, die in einem direkten oder indirekten Zusammenhang mit den Informationen stehen, die in diesem Buch enthalten sind.

Ausschließlich zum Zweck der besseren Lesbarkeit wurde auf eine genderspezifische Schreibweise sowie eine Mehrfachbezeichnung verzichtet. Alle personenbezogenen Bezeichnungen sind somit geschlechtsneutral zu verstehen.
Dieses Buch ist kein offizielles Lizenzprodukt und wurde vom Rechteinhaber nicht autorisiert, genehmigt oder lizenziert.

Originalausgabe
4. Auflage 2022

Türkenstraße 89
D-80799 München
Tel.: 089 651285-0
Fax: 089 652096

Redaktion: Silke Panten
Umschlaggestaltung: Karina Braun
Fotos Umschlag und Innenteil: Patrick Rosenthal
Abbildungen Umschlag: Krasovski Dmitri/shutterstock
Abbildungen Innenteil: Krasovski Dmitri/shutterstock, tomertu/shutterstock
Layout und Satz: inpunkt[w]o, Haiger (www.inpunktwo.de)
Druck: Florjancic, Tisk d.o.o., Slowenien
Printed in the EU

ISBN Print 978-3-7423-1477-2
ISBN E-Book (PDF) 978-3-7453-1148-8
ISBN E-Book (EPUB, Mobi) 978-3-7453-1149-5

Inhalt

63 Süßes

89 Getränke

VORWORT

Die Serie *The Witcher* hat dermaßen schnell eine Fan-Gemeinde aufgebaut, dass man fast davon ausgehen könnte, hier sei Hexerei im Spiel gewesen. Das ist natürlich Quatsch; die Geschichten rund um den Hexer Geralt, auch bekannt als der »Weiße Wolf«, sind einfach filmisch grandios umgesetzt worden und haben Fans auf der ganzen Welt eine Menge Spaß bereitet.

Aber was hat ein Kochbuch nun mit *The Witcher* zu tun? Nun, auf den ersten Blick fallen einem zuerst einmal Brot, Äpfel und tote, gegrillte Ratten ins Auge. Doch bei genauem Hinsehen lassen sich tatsächlich noch so einige Köstlichkeiten erkennen. Auch wenn man die meisten Zutaten nur im Rohzustand sieht, bieten sie durchaus Anregung, auf kreative Weise etwas Leckeres daraus zu zaubern, um Geralt, Ciri und Co. glücklich und satt zu machen.

Aber auch in den Romanen und *The Witcher*-Spielen kommen eine Menge Speisen vor. Nahrungsmittel dienen gerade in den Spielen nicht nur zur Wiederherstellung der Vitalität und Ausdauer, sondern werden auch genutzt, um Geralt bei romantischen Abendessen um den Finger zu wickeln. Schließlich geht Liebe auch durch den Magen, selbst in der Welt der Hexen, Gnome und Elfen.

In der Hexerküche – und damit auch in diesem Buch – geht es nicht nur um Monster und rohe Gewalt, sondern auch um aromatisches Fleisch und sattmachende Eintöpfe. Süße Snacks sind ebenso am Start wie originelle Cocktails. Lasst euch überraschen.

DEFTIGE GERICHTE

BAUERNBROT IM TOPF

Die Serie startet kulinarisch: Gleich zu Beginn von Episode 1 bietet Renfri dem Hexer Geralt ein Frühstück an. Der lehnt allerdings ab, weil er gerade ein Reh verspeist hatte. Vielleicht ein kluger Schachzug, denn man sagt Renfri nach, dass sie als Kind äußerst aggressiv, streitlustig und sadistisch gewesen sei. Vielleicht hätte sie dem Hexer aber auch nur ein deftiges Frühstück aufgetischt, um Kraft zu tanken.

FÜR 1 BROT

950 g Weizenmehl (Type 550)
1 TL Trockenhefe
2 TL Salz
½ TL Zucker
750 ml lauwarmes Wasser
1 El Sonnenblumenöl

1. Mehl, Hefe, Salz und Zucker in einer großen Schüssel vermischen, Wasser zugießen und alles zu einem glatten Teig verkneten. Teig abgedeckt in einer Schüssel bei Zimmertemperatur mindestens 12 Stunden gehen lassen.
2. Gusseisernen Topf mit dem Sonnenblumenöl einpinseln. Topf verschließen und auf die unterste Schiene in den Backofen stellen. Backofen auf 250 °C Ober-/Unterhitze (Umluft: 230 °C) aufheizen.
3. Sobald die Temperatur erreicht ist, den Deckel vom Topf vorsichtig abnehmen und den Teig in den Topf gleiten lassen. Deckel aufsetzen und 45 Minuten backen. Deckel abnehmen und das Brot offen nochmals 10 Minuten backen.
4. Topf aus dem Ofen nehmen und ein paar Minuten abkühlen lassen. Brot herausnehmen und auf einem Rost abkühlen lassen.

STAUB
STAUB

GERALTS REH-IMBISS

Kommen wir noch mal zum Reh zurück: Das Reh, das in der ersten Folge durch ein Monster verletzt und schließlich von Geralt erlöst und auch gleich verspeist wurde, kann sicher auch anders zubereitet werden – nämlich als zartes Rehragout mit köstlichen Preiselbeeren.

FÜR 4 PORTIONEN

200 g Möhren
100 g Knollensellerie
1 Zwiebel
500 g Gulasch vom Reh
3 EL Sonnenblumenöl
2 EL Tomatenmark
Salz und schwarzer Pfeffer aus der Mühle nach Geschmack
200 ml Rotwein, trocken
200 ml Wildfond oder Fleischbrühe
1 TL getr. Thymian
2 Lorbeerblätter
4 Wacholderbeeren
2 EL Preiselbeer-konfitüre
2 TL Mehl
2 EL kaltes Wasser
2 TL Crème fraîche

1. Möhren und Sellerie putzen, waschen, schälen und in kleine Würfel schneiden. Zwiebel enthäuten und fein würfeln. Das Rehgulasch abwaschen und gut trocken tupfen.
2. Sonnenblumenöl in einem großen Topf erhitzen, das Gulasch dazugeben und bei starker Hitze von allen Seiten anbraten. Tomatenmark einrühren und anschwitzen. Mit Salz und Pfeffer würzen. Gemüse- und Zwiebelwürfel zugeben und kurz mit anbraten. Rotwein und Fond oder Brühe zugießen. Thymian, Lorbeerblätter, Wacholderbeeren und 1 EL Preiselbeerkonfitüre zugeben, alles aufkochen und bei mittlerer Hitze etwa 1,5 Stunden mit geschlossenem Deckel schmoren lassen.
3. Fleisch herausnehmen, das Gemüse in ein Sieb geben und die Soße auffangen.
4. Soße wieder in den Topf zurückgießen. Mehl mit dem kalten Wasser verrühren. Soße erhitzen und mit der Mehlmischung andicken. Rehfleisch zurück in den Topf geben, unterrühren und 5 Minuten offen köcheln lassen.
5. Crème fraîche unterrühren.
6. Dazu passen Rotkraut und Knödel perfekt. Aber auch ein bisschen frische Petersilie schmeckt fantastisch dazu.

CIRIS SCHNELLE MINI-BAGUETTES

Ciri spielt mit ein paar Jungen das »Knochenspiel«, denn wer dieses gewinnt, darf die leckeren Mini-Baguettes behalten. Leider wird das Spiel jäh durch den Reiter der Verdammnis beendet.

FÜR 4 KLEINE BAGUETTES

½ Packung Trockenhefe
1 Prise Zucker
3 EL Wasser plus 250 ml
370 g Mehl (Type 550) plus etwas mehr zum Bestäuben
1 TL Salz

1. Den Backofen auf 50 °C Umluft (Ober-/Unterhitze: 70 °C) vorheizen. Hefe mit dem Zucker und 3 EL Wasser in einem Glas verrühren und 5 Minuten ruhen lassen.
2. Mehl und Salz vermengen und in eine Schüssel geben. Hefemischung und 250 ml Wasser zugeben und verkneten. Backofen ausstellen und den Teig zugedeckt für 40 Minuten in den Ofen geben.
3. Teig aus dem Ofen nehmen. Auf einer bemehlten Arbeitsfläche den Teig von der Oberseite etwas bemehlen und ihn in vier Stücke teilen. Nicht nochmals durchkneten. Vier Baguettes formen, einschneiden, 20 Minuten ruhen lassen und nochmals mit etwas Mehl bestäuben.
4. In der Zwischenzeit den Backofen auf 140 °C Umluft (Ober-/Unterhitze: 160 °C) vorheizen. Um eine schöne Kruste zu bekommen, etwas Wasser mit einer Sprayflasche in den Ofen sprühen. Die Baguettes in den Ofen geben und nach etwa 10 Minuten die Ofentür öffnen, um den Wasserdampf austreten zu lassen. Weitere 10 Minuten backen.
5. Baguettes rausholen und am besten auf einem Kuchengitter abkühlen lassen.

TIPP:

Ich benutze für meine Baguettes eine Baguetteform. Die Baguetteformen bestehen meist aus einem entsprechend geformten Lochblech. So werden die Brotstangen außen schön knusprig und innen weich.

STAUB
STAUB

GEMÜSE- UND WURSTEINTOPF

In Episode 2 machen beißender Frost und knappe Vorräte den Menschen das Leben schwer. Die Lieferanten des Königreichs bringen hauptsächlich Kartoffeln, geräucherte Würstchen, Gewürze und eingelegtes Fleisch. Das klingt nach einem Gemüse- und Wursteintopf, der nicht nur wärmend und herzhaft ist, sondern auch richtig lecker.

FÜR 4 PORTIONEN

1 Zwiebel
1 Knoblauchzehe
4 Möhren
5 Kartoffeln
1 Fenchelknolle
1 EL Sonnenblumenöl
1 EL Tomatenmark
700 ml Gemüsebrühe
Salz und schwarzer Pfeffer aus der Mühle nach Geschmack
4 Cabanossi (ca. 600 g) oder grobe Bauernwürstchen
10 Cocktailtomaten
1 EL getr. Oregano

1. Zwiebel und Knoblauch enthäuten und fein würfeln. Möhren und Kartoffeln schälen und gleichmäßig würfeln. Fenchel waschen, quer halbieren, harten Strunk entfernen und in schmale Streifen schneiden.
2. In einem großen Topf das Sonnenblumenöl erhitzen und Zwiebel und Knoblauch glasig dünsten. Tomatenmark unterrühren, anschwitzen lassen, restliches Gemüse zugeben und kurz mit anschwitzen.
3. Gemüsebrühe angießen und mit Salz und Pfeffer würzen. Eintopf mit geschlossenem Deckel 25 Minuten garen, bis das Gemüse weich ist. Eventuell etwas Gemüsebrühe nachgießen.
4. Würstchen in 1 cm breite Scheiben schneiden. Wurstscheiben und Cocktailtomaten 10 Minuten vor Ende der Garzeit zufügen und mit Oregano würzen.

BLAVIKENS GRÜTZE

Gasthäuser und Tavernen sind genau der richtige Ort für müde Reisende. Große Fässer voller Bier, knusprige Brotlaibe und Käse warten dort darauf, verzehrt zu werden. Manchmal zaubern die Köche aus den vorhandenen Grundzutaten aber auch etwas Besonderes. Wie wäre es also mit gebratener Grütze und knusprigem Speck?

FÜR 2 PORTIONEN

150 g Dinkelgrütze
100 g Speckwürfel
2 EL Sonnenblumenöl
1 Zwiebel
100 g braune Champignons
1 Knoblauchzehe
Salz und schwarzer Pfeffer aus der Mühle nach Geschmack
1 Bund Petersilie
2 Eier

1. Dinkelgrütze gut abspülen und in kochendem Wasser 12 Minuten al dente kochen.
2. Speckwürfel mit 1 EL Sonnenblumenöl in einer Pfanne knusprig braten.
3. Zwiebel fein würfeln, Champignons putzen und in Scheiben schneiden, Knoblauch abziehen und pressen. Zwiebel, Champignons und Knoblauch zum Speck geben und 2 Minuten mit anschwitzen. Mit Salz und Pfeffer würzen.
4. Grütze abgießen, zu den Zutaten in die Pfanne geben und unterrühren. Petersilie waschen, fein hacken und ebenfalls unterrühren.
5. In einer zweiten Pfanne restliches Öl erhitzen, die Eier braten und mit Salz und Pfeffer würzen. Grütze mit Spiegelei servieren.

SAURE KARTOFFELSUPPE AUS MAHAKAM

Mahakam ist die Heimat der Zwerge, Gnome und Bobolaks und bekannt für die Herstellung von fortschrittlichen Waffen. Aber nicht nur, denn die Frauen in Mahakam sollen die wohl beste Kartoffelsuppe der Welt herstellen. Besonders ein Rezept sticht besonders heraus.

FÜR 6 PORTIONEN

200 g Roggenschrot
1 Würfel Frischhefe
1 Beutel Natursauerteig (ca. 80 g, erhältlich beim Bäcker oder im Supermarkt)
Salz
½ TL Zucker
2 EL Wasser plus 1 l
½ TL Mehl
5 Knoblauchzehen
750 g Schweinefleisch (Brustspitz oder Kasseler)
5 mehligkochende Kartoffeln
1 Möhre
1 Stück Knollensellerie
½ Stange Lauch
300 g Fleischwurst
Salz und schwarzer Pfeffer aus der Mühle nach Geschmack
1 TL getr. Majoran
100 g saure Sahne

1. Das Roggenschrot in ein großes Einmachglas geben. In die Mitte eine Mulde drücken, Hefe reinbröckeln und den Natursauerteig, das Salz und den Zucker mit 2 EL warmem Wasser in die Mulde geben und zu einem Brei verrühren. Mit Mehl bestäuben.
2. 2 Knoblauchzehen abziehen und fein hacken. Knoblauch und 1 l lauwarmes Wasser (ca. 30 °C) zum Roggenbrei geben und verrühren. Mit einem Geschirrtuch bedecken und mit einem Gummiband befestigen. Das Gefäß 3 Tage an einem warmen, zugfreien Ort ziehen lassen.
3. Brustspitzen oder Kasseler in 2 l kochendem Wasser 20 Minuten köcheln lassen, Fleisch herausnehmen und klein würfeln.
4. Restlichen Knoblauch abziehen und fein hacken. Kartoffeln, Möhre, Sellerie und Lauch putzen und würfeln. Möhre, Sellerie, Knoblauch und Lauch in den Topf geben und 15 Minuten köcheln lassen. Kartoffelwürfel zugeben und weitere 15 Minuten köcheln lassen. Fleischwurst würfeln und unterrühren.
5. Den angesetzten Roggenschrot zugeben und aufkochen lassen. Mit Salz, Pfeffer und Majoran abschmecken. Vor dem Servieren etwas saure Sahne unterrühren (auch wenn das die Gnome aus Mahakam niemals machen würden).

BŒUF BOURGUIGNON AUS TOUSSAINT

Toussaint ist eine Provinz von Nilfgaard und vor allem berühmt wegen der erlesenen Weine. Man munkelt, dass der Wein das Bœuf bourguignon so lecker macht. Da die Speise so beliebt ist, ist sie auf fast allen Speisekarten in den Gasthäusern Toussaints zu finden.

FÜR 4 PORTIONEN

1,5 kg Rindfleisch
4 EL Sonnenblumenöl
2 EL Mehl
2 Flaschen kräftiger Rotwein
½ TL Salz
½ TL schwarzer Pfeffer aus der Mühle
1 Bund Bouquet garni oder Mullsäckchen mit Kräutern der Provence
3 Schalotten
250 g Dörrfleisch (durchwachsener geräucherter Speck)
1 Knoblauchzehe
2 Möhren
300 g Champignons

1. Das Fleisch in große Würfel schneiden. 2 EL Öl in einem Bräter erhitzen und die Fleischwürfel von allen Seiten anbraten. Das Fleisch mit Mehl bestäuben und bei mittlerer Hitze ein paar Minuten schmoren lassen. Den Rotwein langsam zugeben und immer erst etwas einkochen lassen, bevor weiterer Rotwein angegossen wird. Mit Salz und Pfeffer würzen und die Kräuter zugeben. Nun mit geschlossenem Deckel ca. 1,5–2 Stunden köcheln lassen.
2. In der Zwischenzeit die Schalotten häuten und fein würfeln. Den Speck in kleine Würfel und den Knoblauch in Scheiben schneiden. Restliches Öl in einer Pfanne erhitzen und den Speck zusammen mit den Schalotten anbraten. Knoblauch zugeben, unterrühren und braten, bis die Knoblauchscheiben leicht gebräunt sind.
3. Möhren schälen und in kleine Stücke schneiden. Champignons putzen, zusammen mit den Möhren zur Speckmischung geben und 20 Minuten dünsten lassen.
4. Ist der Rotwein eingekocht, die Speck-Gemüse-Mischung zum Fleisch geben, unterrühren und nochmals 10 Minuten köcheln lassen.
5. Vor dem Servieren die Kräuter entfernen. Wenn die Soße zu flüssig ist, kann sie mit etwas Mehl gebunden werden. Dazu passen Kartoffeln.

STAUB
STAUB

ELFENSUPPE

Berüchtigt ist der Dialog zwischen Geralt und einem Troll über die Elfensuppe in dem Spiel »Assassins of Kings«. Geralt will wissen, was im Topf ist, und der Troll antwortet: »Suppe aus Elf und Zwiebeln.« Nun, Elfen sind wahrlich schwer zu finden. Aber Rindfleisch ist sicherlich eine gute Alternative, die toll schmeckt.

FÜR 4 PORTIONEN

4 Zwiebeln
3 Knoblauchzehen
2 TL Sonnenblumenöl
500 g Rindergulasch
2 EL Tomatenmark
1 TL Mehl
250 ml trockener Rotwein
1 rote Paprikaschote
Salz und schwarzer Pfeffer aus der Mühle nach Geschmack
1 TL Paprikapulver, rosenscharf
1,5 l Gemüsebrühe
1 TL getr. Thymian
½ Bund Petersilie

1. Zwiebeln schälen und in grobe Scheiben schneiden. Knoblauch schälen und fein hacken. Öl in einem großen Topf erhitzen und die Fleischwürfel unter Wenden von allen Seiten kräftig anbraten. Zwiebeln zugeben und kurz anbraten. Tomatenmark unterrühren, mit Mehl bestäuben und kurz anschwitzen. Mit Rotwein ablöschen.
2. Paprika würfeln und zugeben, mit Salz, Pfeffer und Paprikapulver würzen. Brühe zugießen und bei mittlerer Hitze 1,5 Stunden köcheln lassen. Mit Thymian abschmecken.
3. Petersilie waschen, hacken und vor dem Servieren zur Suppe geben.

HÄHNCHENSANDWICH

Geflügel läuft in der Serie *The Witcher* ständig durchs Bild. Auch im gleichnamigen Spiel ist das Geflügel als »Chicken Sandwich« sehr wichtig, denn es stellt die Gesundheit des eigenen Spielers wieder her.

FÜR 4 PORTIONEN

3 Stängel Petersilie
2 Stängel Basilikum
1 rote Zwiebel
3 Tomaten
6 Blätter Romanasalat
2 EL Limettensaft
4 EL Olivenöl
Salz und schwarzer Pfeffer aus der Mühle nach Geschmack
2 Hähnchenbrustfilets (à ca. 250 g)
5 EL Paniermehl
1 EL Parmesan, gerieben
1 Ei
3 EL Mehl
2 Ciabattabaguettes (à 300 g, alternativ 4 Ciabattabrötchen)
4 EL Frischkäse

1. Petersilie und Basilikum waschen, trocken schütteln und fein hacken. Zwiebel enthäuten und fein hacken. Tomaten waschen, vierteln, entkernen und in kleine Würfel schneiden. Die Salatblätter waschen, trocken schleudern und in Streifen schneiden.
2. Tomatenwürfel, Zwiebel, Limettensaft und 2 EL Olivenöl vermengen und mit Salz und Pfeffer würzen.
3. Fleisch waschen, trocken tupfen, waagerecht halbieren und mit Salz und Pfeffer würzen. Paniermehl und Parmesan zusammen mit den Kräutern in einem tiefen Teller vermengen. Ei in einem weiteren tiefen Teller verquirlen; das Mehl in einen dritten tiefen Teller geben. Fleisch zuerst in Mehl, dann in Ei und zuletzt in der Parmesanmischung wenden.
4. Restliches Öl in einer Pfanne erhitzen und die Hähnchenbrustfilets von jeder Seite 5 Minuten goldbraun braten. Ciabattabrötchen aufschneiden oder Ciabattabaguettes halbieren und aufschneiden, die Unterseite mit Frischkäse bestreichen und mit Salatstreifen bedecken. Dann ein Hähnchenbrustfilet auflegen und die Tomatenmischung darauf verteilen. Brötchendeckel auflegen und servieren.

SCHWEINEROLLBRATEN MIT ÄPFELN

Die Burgfeste in Cintra sind legendär. Es gibt gebratenes Schweinefleisch, Früchte, Bier, Brot und süffige Weine, so weit das Auge reicht. Da passt das Rezept für den Schweinerollbraten mit Honigglasur und geschmorten Äpfeln perfekt.

FÜR 4 PORTIONEN

1,5 kg magerer Schweinenacken (vom Fleischer zu einem Rollbraten aufschneiden lassen)
1 EL Senf
5 EL Honig
1 Prise getr. Majoran
2 EL Sonnenblumenöl
250 ml dunkles Bier
4 kleine Äpfel
1 EL Butter, Zimmertemperatur

1. Braten von der Querseite aufrollen und mit Küchengarn zusammenbinden (optional in ein Bratnetz geben). Senf, 3 EL Honig und Majoran vermengen und den Braten von allen Seiten mit der Marinade einpinseln. Braten in einen Topf geben und abgedeckt 12 Stunden im Kühlschrank ziehen lassen.
2. In einem Bräter das Sonnenblumenöl erhitzen und den Braten von allen Seiten anbraten. Bier aufgießen und kurz aufkochen lassen.
3. Backofen auf 220 °C Ober-/Unterhitze (200 °C Umluft) vorheizen. Bräter samt Braten in den Backofen stellen und 10 Minuten ohne Deckel schmoren lassen.
4. Temperatur auf 140 °C Ober-/Unterhitze (Umluft: 120 °C) runterdrehen und mit geschlossenem Deckel 2 Stunden schmoren lassen. Ab und zu mit der ausgetretenen Flüssigkeit beträufeln.
5. Äpfel waschen, entkernen und achteln. Apfelstücke mit der Butter bestreichen und für die letzten 30 Minuten in den Bräter zum Braten geben.
6. Braten aus dem Ofen nehmen, Bratensoße in einen Topf gießen und aufkochen lassen. Restlichen Honig unter die Bratensoße rühren und einköcheln lassen, bis die Soße etwas andickt. Braten in Scheiben schneiden und mit Apfelstücken und Bratensoße servieren.

SAUERAMPFERSUPPE

Entweder mag man sie oder nicht. Geralt zumindest hat unerschrocken von der grünen Suppe probiert. Anregung genug, sie in eine Sauerampfersuppe zu verwandeln. Sauerampfer ist auch unter den Namen Sauerlump und Suurampfere bekannt und wird aufgrund seines hohen Vitamin-C-Gehalts schon lange als Wildgemüse und Heilpflanze eingesetzt.

FÜR 4 PORTIONEN

400 g mehligkochende Kartoffeln
1 Stange Lauch
1 Zwiebel
2 Bund Sauerampfer
4 EL Rapsöl
1 l Gemüsebrühe
150 g Sahne
1 TL Zitronensaft
etwas Gartenkresse

1. Die Kartoffeln putzen, schälen und grob würfeln. Den Lauch waschen und in grobe Ringe schneiden. Die Zwiebeln enthäuten und grob würfeln. Den Sauerampfer unter fließendem Wasser waschen und trocken schütteln.
2. Rapsöl in einem großen Topf erhitzen. Kartoffeln, Lauch und Zwiebeln hineingeben und anschwitzen. Gemüsebrühe angießen und 30 Minuten bei mittlerer Hitze köcheln lassen. Suppe pürieren. Sauerampfer zugeben und nochmals pürieren.
3. Suppe in tiefe Teller geben und mit etwas Sahne, Zitronensaft und Gartenkresse garnieren.

STAUB

WALD-EINTOPF MIT ZIMT

Jetzt wird es ein bisschen romantisch, denn Keira Metz lädt Geralt zu einem Abendessen im Wald ein. Trauben, Wein und Fleisch mit Zimt und Nelken. Und es ist ganz klar, dass unser Held nicht nur auf den Wald-Eintopf steht.

FÜR 4 PORTIONEN

1 kg Rindfleisch
8 Tomaten
15 Schalotten
4 EL Olivenöl
25 g Butter
150 ml Rotwein
1 EL Tomatenmark
Salz und schwarzer Pfeffer aus der Mühle nach Geschmack
200 ml warmes Wasser
4 Lorbeerblätter
½ TL Rosmarin
2 Stangen Zimt
4 Nelken
100 ml Balsmicoessig
2 TL Honig
1 TL getr. Oregano
¼ Bund Petersilie

1. Rindfleisch in mundgerechte Stücke schneiden. Tomaten häuten und in kleine Würfel schneiden. Schalotten schälen. Petersilie waschen, trocken schütteln und fein hacken.
2. Olivenöl in einem gusseisernen Topf erhitzen, Butter hinzufügen und das Fleisch von allen Seiten braun anbraten. Mit Rotwein ablöschen.
3. Tomatenwürfel, Tomatenmark und ganze Zwiebeln dazugeben und mit Salz und Pfeffer würzen. Wasser in den Topf gießen. Alles zugedeckt bei mittlerer Hitze ca. 60 Minuten schmoren lassen.
4. Lorbeer, Rosmarin, Zimtstange und Nelken dazugeben und für weitere 30 Minuten schmoren lassen.
5. Balsamicoessig und Honig zugeben und unterrühren. Nochmals mit Salz und Pfeffer würzen. Mit Oregano abschmecken. Vor dem Servieren mit Petersilie bestreuen.

GERÖSTETER FALSCHER KAPAUN MIT SCHALOTTEN

Keira Metz hat sich wahrscheinlich gedacht, dass Liebe durch den Magen geht, und tischt dem Hexer einen Kapaun auf. Ein Kapaun ist ein kastrierter und gemästeter Hahn. Sein Fleisch soll besonders mild, weiß und fett sein. Allerdings ist Mästen nicht so klasse und deswegen wird bei diesem Rezept ein Bio-Hähnchen verwendet.

FÜR 4 PORTIONEN

1 Brathähnchen (ca. 3,5 kg)
Salz und schwarzer Pfeffer aus der Mühle nach Geschmack
6 EL Butter
5 Bio-Zitronen
½ TL getr. Thymian
4 Schalotten, enthäutet
150 ml Wasser
2 TL Johannisbeergelee

1. Das Brathähnchen von innen und außen gut abspülen, trocken tupfen und mit Salz und Pfeffer würzen.
2. Butter schmelzen lassen und die Schale von einer Zitrone abreiben. Butter, Zitronenschale, Thymian, Salz und Pfeffer verrühren. Brathähnchen mit der Buttermischung großzügig einreiben.
3. Backofen auf 180 °C Umluft (Ober-/Unterhitze: 200 °C) vorheizen und das Geflügel in eine ofenfeste Form oder einen Bräter legen. Im Backofen 1,5 Stunden schmoren lassen. Alle 30 Minuten mit dem ausgetretenen Bratensaft beträufeln.
4. Die Zitronen und Schalotten vierteln und in den Bräter geben und mit etwas Bratensaft vermengen. Alles nochmals 45–60 Minuten schmoren lassen.
5. Bräter aus dem Ofen nehmen und Geflügel herausnehmen. Soße mit 150 ml Wasser und Johannisbeergelee verrühren und 5 Minuten köcheln lassen. Geflügel im Bräter auf die Soße setzen und servieren.

BAGUETTE MIT FISCH-PÂTÉ

Essen und Trinken sind ein großer Bestandteil, wenn es um die Gesundheit in dem Spiel *The Witcher 3 – Wild Hunt* geht, denn jede Speise ist mit einer Fähigkeit verknüpft. So auch das Baguette mit Fisch-Pâté.

FÜR 2 PORTIONEN

2 Baguettebrötchen
200 g geräucherte Makrele (ohne Haut und Knochen)
2 TL Mayonnaise
1 TL Joghurt
½ Bund Dill
Salz
1 Spritzer Zitronensaft
1 Tomate
50 g Rucola

1. Baguettebrötchen aufschneiden. Makrele mit einer Gabel grob auseinanderzupfen und zusammen mit der Mayonnaise und dem Joghurt verrühren.
2. Dill waschen, fein hacken und unter die Mayonnaisemischung rühren. Mit Salz und Zitronensaft abschmecken.
3. Fisch-Pâté auf alle Baguettehälften verteilen. Tomate waschen, in Scheiben schneiden und auf die Baguettes legen. Rucola waschen, trocken schütteln und ebenfalls auf die Baguettes verteilen. Mit der Baguette-Oberseite verschließen und genießen.

PASTA »ÉTOILE BLANCHE«

Ra'mses Gor-Thon war ein berühmter Koch und Priester, der einige seiner Rezepte niederschrieb. Sein Kochstudio befand sich unter den Ruinen des Danamebi-Tempels.

FÜR 2 PORTIONEN

1 Putenbrust (ca. 250 g)
Salz nach Geschmack
1 Bund Petersilie
1 Stängel Thymian
2 Knoblauchzehen
1 Lorbeerblatt
100 g griechischer Joghurt
100 g Pfifferlinge
250 g Tagliatelle
2 TL Olivenöl
250 ml halbtrockener Rotwein
6 Kirschtomaten
50 g Ricotta
schwarzer Pfeffer aus der Mühle nach Geschmack
1 Bund Rucola

1. Putenbrust in Streifen schneiden und mit Salz einreiben. Petersilie und Thymian waschen und fein hacken. Knoblauch abziehen und zerdrücken. Petersilie, Thymian, Knoblauch zusammen mit dem Lorbeerblatt unter den Joghurt rühren. Putenbrust unter den Joghurt mengen und im Kühlschrank abgedeckt 2 Stunden ziehen lassen.
2. In der Zwischenzeit die Pfifferlinge putzen und 10 Minuten in kochendem Wasser bissfest garen. Tagliatelle nach Packungsanweisung al dente kochen. Olivenöl erhitzen und die Putenstreifen anbraten. Mit Rotwein ablöschen. Tagliatelle zugeben und unterheben. Pfifferlinge klein schneiden und unterheben. Kirschtomaten waschen, halbieren und ebenfalls unterheben. Ricotta zugeben und unterrühren. Nach Geschmack mit Salz und Pfeffer würzen.
3. Rucola waschen und trocken schütteln. Gericht auf Teller anrichten und mit Rucola garnieren.

STAUB
STAUB

FLAMICHE

Flamiche ist eine Spezialität der nordfranzösischen Region Picardie und eine Art Blätterteigkuchen mit Lauch und Sahne. Im Spiel *The Witcher 3* erhält man beim Verspeisen der Flamiche eine Belohnung.

FÜR 6 PORTIONEN

20 g Butter plus etwas mehr zum Einfetten
500 g Lauch
2 Eier
100 ml Sahne
100 ml Milch
1 Prise Muskatnuss
Salz und schwarzer Pfeffer aus der Mühle nach Geschmack
1 Rolle Blätterteig aus dem Kühlregal (ca. 280 g)

1. Den Backofen auf 200 °C Umluft (Ober-/Unterhitze: 220 °C) vorheizen und eine Tarteform oder runde Springform (ca. 24 cm Ø) einfetten.
2. Lauch putzen und in Ringe schneiden. Butter in einer Pfanne erhitzen und den Lauch bei schwacher Hitze 10 Minuten köcheln lassen.
3. Eier, Sahne, Milch, Muskatnuss, Salz und Pfeffer verquirlen. Blätterteig in der Tarteform ausrollen und den Rand hochdrücken. Lauchmasse auf den Teig geben, die Flüssigkeit langsam darüber verteilen. Im Ofen 20–25 Minuten goldbraun backen. Noch warm servieren.

RATATOUILLE

Dass viel Gemüse Kraft gibt und gesund ist, haben wir bereits geahnt. Auch Geralt kann auf den geschmorten Gemüseeintopf der provenzalischen und okzitanischen Küche zurückgreifen, um sich zu stärken. Das klassische Ratatouille-Rezept mit einem Hauch von Piment d'Espelette ist ganz fantastisch.

FÜR 4 PORTIONEN

1 Zucchini
1 Aubergine
10 Tomaten
1 rote Paprikaschote
1 grüne Paprikaschote
1 Zwiebel (oder 2 Schalotten)
1 Knoblauchzehe
3 EL Olivenöl
1 Stängel Thymian
1 Stängel Rosmarin
Salz und schwarzer Pfeffer aus der Mühle nach Geschmack
Piment d'Espelette nach Geschmack

1. Zucchini und Aubergine waschen und klein schneiden. Tomaten waschen und vierteln. Paprikaschoten waschen und in Streifen schneiden. Zwiebel enthäuten und klein schneiden. Knoblauch schälen und fein hacken. Thymian und Rosmarin waschen, trocken schütteln und fein hacken.
2. Olivenöl in einer Pfanne erhitzen und die Zwiebeln oder Schalotten kurz anschwitzen, dann nach und nach Aubergine, Zucchini und Paprika zugeben. Knoblauch und Kräuter zugeben und 10 Minuten köcheln lassen. Tomaten zugeben und weitere 10 Minuten köcheln lassen. Mit Salz, Pfeffer und Piment d'Espelette abschmecken.

ZWIEBELSUPPE

Zwiebelsuppe wärmt von innen und scheint genügend Energie zu geben, um Geralt neue Herausforderungen meistern zu lassen. Essen und Getränke werden im Spiel *The Witcher 3* verwendet, um die Gesundheit der Spieler zu regenerieren. Jede Speise ist mit einer Fähigkeit verknüpft, die die Stärke und Dauer des Effekts definiert. Was euch die Zwiebelsuppe bringt, müsst ihr allerdings selbst ausprobieren.

FÜR 4 PORTIONEN

1 Aubergine
Salz nach Geschmack
2 Gemüsezwiebeln
4 Knoblauchzehen
2 Zucchini
2 rote Paprikaschoten
2 gelbe Paprikaschoten
2 EL Olivenöl
½ Tube Tomatenmark
1 Dose geschälte Tomaten (ca. 400 g)
schwarzer Pfeffer aus der Mühle nach Geschmack
1 TL getr. Rosmarin
1 TL getr. Thymian
½ TL getr. Salbei
1 TL Zucker
1 l Gemüsebrühe

1. Die Aubergine waschen, putzen und in mundgerechte Stücke schneiden. Mit Salz bestreuen und 10 Minute ziehen lassen, dann mit einem Tuch kräftig trocken tupfen.
2. Zwiebeln schälen und in Scheiben schneiden. Knoblauch häuten und in feine Würfel schneiden. Zucchini und Paprikaschoten waschen und in grobe Stücke schneiden.
3. Olivenöl in einem großen Topf erhitzen und Zwiebeln, Knoblauch und Zucchini anbraten.
4. Paprika und Aubergine zufügen und alles 5 Minuten weiterbraten. Tomatenmark zugeben und unterrühren. Mit Salz und Pfeffer würzen. Geschälte Tomaten zugeben und Rosmarin, Thymian und Salbei zufügen. Zucker unterrühren. Gemüsebrühe zugießen und bei mittlerer Hitze 20 Minuten köcheln lassen. Ab und zu umrühren.

KRÄUTERTOAST

Der Kräutertoast taucht ebenfalls als Speise auf, die im Spiel mit einer Fähigkeit verknüpft ist. Da es aber recht simpel und eher langweilig ist, lediglich ein paar Kräuter auf ein warmes Stück Toastbrot zu streuen, erwartet euch hier ein herzhafter French Toast mit frischen Kräutern und geriebenem Parmesan.

FÜR 2 PORTIONEN

½ Bund Petersilie
½ Bund Schnittlauch
2 Eier
1 EL Sahne
80 ml Vollmilch
1 EL Parmesankäse, gerieben
4 Scheiben Toastbrot
1 EL Butter
schwarzer Pfeffer aus der Mühle

1. Petersilie waschen und fein hacken. Schnittlauch waschen und in feine Röllchen schneiden. In einer Schüssel die Kräuter mit Eiern, Sahne, Milch und Parmesankäse verrühren. Toast von beiden Seiten in die Eier-Sahnemischung tauchen.
2. Butter in einer Pfanne zum Schmelzen bringen und die Toastscheiben von beiden Seiten goldbraun braten. Toast in Dreiecke schneiden und sofort servieren.

RILLETTES DE PORC

Rillette ist eine französische Fleischspezialität und wird meist aus Schwein, Gans oder Ente zubereitet. Die Masse ist relativ fest, aber streichfähig. Ein Gläschen davon im Spiel und der Spieler bekommt eine Fähigkeit, die er sicherlich im Kampf gegen das Böse gebrauchen kann.

FÜR 6 GLÄSER

2 TL Koriandersaat
2 Schalotten
2 Knoblauchzehen
600 g Schweinebauch
600 g Schweineschulter
120 g Schweineschmalz
1 ½ TL Salz
½ TL schwarzer Pfeffer aus der Mühle
500 ml Kalbsfond
2 Lorbeerblätter
3 Wacholderbeeren
3 Stängel Majoran
5 Stängel Thymian
2 Zweige Rosmarin

1. Backofen auf 150 °C Umluft (Ober-/Unterhitze: 170 °C) vorheizen.
2. Koriandersaat in einem Mörser fein zermahlen. Schalotten und Knoblauch abziehen und fein würfeln. Schweinebauch und -schulter in 5 cm große Stücke schneiden.
3. Schweineschmalz in einem gusseisernen Topf erhitzen. Fleisch, Schalotten und Knoblauch bei mittlerer Hitze 6–8 Minuten anbraten, sodass das Fleisch brutzelt, aber noch nicht gebräunt ist. (Wer die Rillettes eher kräftig mag, kann das Fleisch braun braten. Durch die Röstaromen bekommt es eine intensivere würzige Note.) Mit Koriandersaat, Salz und Pfeffer würzen. Kalbsfond angießen, sodass das Fleisch bedeckt ist. Lorbeerblätter und Wacholderbeeren zugeben. Majoran, Thymian und Rosmarin waschen, zusammenbinden und in den Topf geben. Alles kurz aufkochen lassen, dann den Topf zugedeckt im Backofen auf der unteren Schiene 5 Stunden schmoren lassen.
4. Das Fleisch auf ein Sieb geben und den Fond auffangen. Fleisch abtropfen lassen und alle Gewürze, die noch am Fleisch sichtbar sind, entfernen. Fleisch mit zwei Gabeln zerzupfen, 6 EL von dem Fond untermengen und mit Salz und Pfeffer abschmecken.
5. Fleisch in sterilisierte Gläser füllen und fest hineindrücken, sodass keine Luftlöcher entstehen. Das Fleisch im Glas mit dem Garfond bedecken und komplett abkühlen lassen.
6. Gläser verschließen und im Kühlschrank bis zu 4 Wochen aufbewahren.

FISCH-TARTE

Fisch gibt es in der slawischen Sagenwelt reichlich. Als Tarte scheint sie Herrn von Riva Kräfte zu verleihen. Für euch gibt es Lachs und Spinat – auch eine »Power-Kombination«.

FÜR 4 PORTIONEN

1 Packung TK-Blattspinat (500 g)
1 Zwiebel
2 Knoblauchzehen
2 EL Sonnenblumenöl
Salz und schwarzer Pfeffer aus der Mühle nach Geschmack
1 Prise frisch geriebene Muskatnuss
400 g Lachsfilet (ohne Haut)
250 g Ricotta
4 Eier
1 Packung frischer Quiche- und Tarteteig aus dem Kühlregal (300 g; rund ausgerollt; ca. 32 cm Ø)
100 g geriebener Gouda

1. Backofen auf 180 °C Umluft (Ober-/Unterhitze: 200 °C) vorheizen.
2. Spinat auftauen lassen. Zwiebel und Knoblauch schälen und fein würfeln.
3. Öl in einem Topf erhitzen und die Zwiebel- und Knoblauchwürfel glasig dünsten. Spinat ausdrücken, um so viel wie möglich von dem Wasser zu entfernen. Spinat in den Topf geben und 3 Minuten mitdünsten. Mit Salz, Pfeffer und Muskatnuss würzen.
4. Masse in ein Sieb geben und abtropfen lassen.
5. Lachsfilet waschen, trocken tupfen, in 2 cm große Würfel schneiden und mit Salz und Pfeffer würzen. Ricotta und Eier verrühren und ebenfalls mit Salz und Pfeffer würzen.
6. Teig entrollen und mit dem Backpapier nach unten in eine runde Quicheform (ca. 28 cm Ø) legen und Teig am Rand andrücken. Abgetropfte Spinatmischung und Lachswürfel auf den Teig verteilen und mit dem Eierguss begießen. Mit Käse bestreuen und im Backofen 50 Minuten goldbraun backen.

BAKED POTATOE

Die ungeschälten großen Kartoffeln wurden sicherlich in der Sagenwelt in der Glut eines Feuers oder im Erdofen gegart. Wie sie genau zubereitet worden sind, geht leider aus *The Witcher 2* nicht hervor. Auf euch wartet eine Variante mit Sauerrahm und Speck.

FÜR 4 PORTIONEN

4 große, festkochende Kartoffeln (à ca. 400 g)
100 g Speckwürfel
½ Bund Schnittlauch
125 g saure Sahne
Salz und schwarzer Pfeffer aus der Mühle nach Geschmack
100 g geriebener Gouda

1. Backofen auf 180 °C Umluft (Ober-/Unterhitze: 200 °C) vorheizen.
2. Die Kartoffeln gut abwaschen, abtrocknen. Jede Kartoffel einzeln in Alufolie wickeln und auf ein Backblech legen. Im Ofen auf mittlerer Schiene 45 Minuten backen.
3. Speck in einer beschichteten Pfanne knusprig braten.
4. Schnittlauch waschen und in feine Röllchen schneiden.
5. Saure Sahne mit Salz und Pfeffer würzen. Kartoffeln aus dem Ofen nehmen, längs einschneiden und vorsichtig bis etwas über die Mitte hinaus auseinander brechen (aufpassen, dass sie nicht komplett auseinanderfallen). Mit Gouda, saurer Sahne, Speck und Schnittlauch füllen und servieren.

BIGOS

Bigos ist ein polnischer Krauteintopf aus gedünstetem Sauerkraut mit verschiedenen Fleisch- und Wurstsorten. Ich bin mir sicher, dass dieser Eintopf auf vielen Tafeln der Hexerwelt im Winter zu finden ist.

FÜR 4 PORTIONEN

100 g getr. Steinpilze
220 ml warmes Wasser
1 Zwiebel
1 Knoblauchzehe
3 Trockenpflaumen
300 g Cabanossi
450 g Schweinenacken
350 g Tomaten
300 g Sauerkraut
700 g Weißkohl
1 TL Wacholderbeere
½ TL Kümmelsamen
75 g Speckwürfel
2 TL Pflanzenöl
75 g Tomatenmark
500 ml Rinderbrühe
Salz und schwarzer Pfeffer aus der Mühle nach Geschmack

1. Die getrockneten Steinpilze im warmen Wasser etwa 30 Minuten einweichen, anschließend abgießen, Flüssigkeit auffangen und die Pilze klein schneiden.
2. Zwiebel und Knoblauch schälen und fein hacken. Trockenpflaumen fein hacken. Cabanossi, Schweinenacken und Tomaten in Würfel schneiden. Sauerkraut gut abtropfen lassen. Weißkohl in feine Streifen schneiden. Wacholderbeeren und Kümmelsamen im Mörser zerstoßen.
3. Speckwürfel in einer Pfanne anbraten. Zwiebel, Knoblauch und zerstoßene Gewürze dazugeben, 5 Minuten anschwitzen und beiseitestellen.
4. Öl in einem großen Topf erhitzen und den Schweinenacken 5 Minuten anbraten. Weißkohl zugeben und 10 Minuten mitbraten.
5. Tomatenmark einrühren und die Speck-Zwiebel-Mischung, Sauerkraut, Tomaten und Rinderbrühe zugeben. Alles vermengen und einmal aufkochen lassen. Dann die Temperatur auf mittlere Hitze reduzieren und abgedeckt 30 Minuten köcheln lassen.
6. Cabanossi und Trockenpflaumen sowie die Steinpilze samt Flüssigkeit zugeben und unterrühren. Abgedeckt alles 1 Stunde köcheln lassen. Mit Salz und Pfeffer abschmecken und servieren.

ROGGENBROT

Stellt euch das Folgende vor: Als Fan der Serie habt ihr mit Sicherheit noch das Bild vor Augen, wie Cirilla mitten in der Backstube liegt. Um sie herum Brote, so weit das Auge reicht. Das muss ein himmlischer Duft gewesen sein.

FÜR 1 BROT

225 g Roggenmehl
225 g Weizenmehl (Type 550)
2 TL Kümmel
2 TL Salz
20 g Frischhefe
140 ml lauwarme Milch
1 TL Honig
140 ml warmes Wasser
Vollkornmehl zum Bestäuben

1. Roggen- und Weizenmehl zusammen mit Kümmel und Salz in eine Schüssel geben und vermengen. In die Mitte eine Mulde drücken.
2. Hefe mit Milch und Honig verrühren, in die Mulde gießen und das Wasser zufügen. Alles zu einem glatten Teig verkneten. An einem warmen Ort 2 Stunden gehen lassen.
3. Kurz durchkneten, zu einem Laib formen und in eine Brotbackform oder Kastenform legen. Mit Mehl bestäuben und abgedeckt nochmal 1 Stunde gehen lassen.
4. Unterdessen den Backofen auf 220 °C Ober-/Unterhitze (Umluft: 200 °C) vorheizen. Das Brot mit einem scharfen Messer mehrmals tief einschneiden und 30–35 Minuten backen. Auf einem Gitterrost auskühlen lassen.

CIRIS GEKLAUTE MAISKOLBEN

In der Folge »Vor dem Fall« sieht man es genau: Ciri läuft über den Markt und steckt sich heimlich ein paar Maiskolben ein. Diese röstet sie sich später sicherlich über einem offenen Feuer und genießt das leckere Mahl.

FÜR 2 PORTIONEN

1 Prise Zucker
2 Maiskolben

1. In einem großen Topf Wasser mit dem Zucker zum Kochen bringen. Maiskolben darin für 20 Minuten köcheln lassen.
2. Unterdessen den Grill auf mittlere Hitze (180–200 °C) oder den Backofen auf mittlerer Stufe der Grillfunktion vorheizen. Die vorgekochten Maiskolben für 15 Minuten von allen Seiten gleichmäßig grillen, bis die ersten gerösteten Körner entstehen. Mit Kräuterbutter oder etwas salziger Butter servieren.

TIPP:

Mit einer Marinade bekommen die Maiskolben besonderen Pepp: Hierfür den Saft einer Limette mit 6 EL Ahornsirup und 2 EL Sojasoße verrühren. Die Marinade während des Grillvorgangs immer wieder mit einem Pinsel auf den Maiskolben verteilen.

BRATHÄHNCHEN VOM MARKT

Ich mag die Szenen, die auf den Markt spielen, ganz besonders gern. Überall sieht man Stände voller Brathähnchen, Obst und Gemüse. Zeit für ein paar frische Hähnchenschenkel.

FÜR 4 PORTIONEN

1 Zwiebel
3 cm frischer Ingwer
3 Knoblauchzehen
1 Bio-Zitrone
4 Hähnchenschenkel
Salz und schwarzer Pfeffer aus der Mühle nach Geschmack
2 EL Sonnenblumenöl
2 TL gem. Kreuzkümmel
2 TL Paprikapulver, scharf
2 Dosen stückige Tomaten à 400 g
10 Cocktailtomaten

1. Backofen auf 180–200°C Ober- und Unterhitze (Umluft: 160–180 °C) vorheizen.
2. Zwiebel schälen und in Scheiben schneiden. Ingwer schälen und fein hacken. Knoblauch häuten und fein hacken. Zitrone abwaschen und Schale abreiben. Saft auspressen. Hähnchenschenkel von allen Seiten mit Salz und Pfeffer würzen.
3. Sonnenblumenöl in einem Bräter erhitzen und die Hähnchenschenkel von allen Seiten anbraten. Aus dem Bräter nehmen und beiseitestellen.
4. Zwiebel, Knoblauch und Ingwer in den Bräter geben und im restlichen Öl anschwitzen, Kreuzkümmel und Paprikapulver hinzufügen und unterrühren. Die Tomaten, abgeriebene Zitronenschale und Zitronensaft ebenfalls hinzufügen und das Ganze mit Salz abschmecken. Hähnchenteile auf die Tomatensoße legen, Deckel auflegen und im Backofen etwa 70 Minuten schmoren. Cocktailtomaten halbieren und in den letzten 20 Minuten des Garvorgangs in den Bräter geben.

SCHINKENSANDWICH

So ein richtig leckeres Schinkensandwich gibt Kraft – zumindest dann, wenn der Hexer es zu sich nimmt, um das nächste Abenteuer zu bestreiten.

FÜR 4 PORTIONEN

2 Tomaten
1 kleiner Kopfsalat
100 ml Joghurt-Dressing mit Kräutern
16 Scheiben Toastbrot
4 EL Butter
4 EL Senf, mittelscharf
Salz und schwarzer Pfeffer aus der Mühle nach Geschmack
8 Scheiben gekochter Schinken (ca. 120 g)

1. Tomaten waschen und in dünne Scheiben schneiden. Salat putzen, waschen und trocken schleudern. Salatblätter zerzupfen und in einer Schüssel mit dem Joghurt-Dressing marinieren.
2. Toastscheiben toasten und mit Butter bestreichen.
3. 8 Toastscheiben zusätzlich mit Senf bestreichen, mit etwas Salat und Tomatenscheiben belegen, salzen und pfeffern. Schinken auf die Tomaten legen und anschließend eine gebutterte Toastscheibe als Deckel obenauflegen.

SÜSSES

GEBACKENE ÄPFEL MIT TOFFEESOSSE

Dem Apfel werden so einige heilende und sogar magische Fähigkeiten nachgesagt. Auch *The Witcher* präsentiert die Frucht in üppiger Vielzahl. Schaut man nicht nur dem weißhaarigen Hexer hinterher, sieht man auf großen Schalen rote Äpfel, die danach schreien, gegessen zu werden.

FÜR 4 PORTIONEN

4 Äpfel
100 g Walnusskerne
50 g getr. Cranberrys
50 g getr. Aprikosen
50 g Butter, kalt und in Würfel geschnitten

Für die Toffeesoße:
125 g Zucker
200 g Schlagsahne
40 g Butter
¼ TL Meersalz
1 Päckchen Vanillezucker

1. Backofen auf 160 °C Umluft (Ober-/Unterhitze: 180 °C) vorheizen.
2. Deckel von den Äpfeln gerade abschneiden und den Apfel aushöhlen. Darauf achten, dass der Boden intakt bleibt. Walnusskerne, Cranberrys und Aprikosen fein hacken und als Füllung in die ausgehölten Äpfel geben. Äpfel in kleine Auflaufformen setzen und Butterwürfel auf die Äpfel verteilen.
3. Auflaufform auf ein Backblech geben und ca. 40 Minuten backen. Nach 10 Minuten etwa 100 ml Wasser auf das Backblech gießen. Sollten die Äpfel zu braun werden, mit etwas Alufolie abdecken. Kurz abkühlen lassen
4. Unterdessen für die Toffeesoße den Zucker in einem Topf goldbraun karamellisieren. Schlagsahne zugießen und durch Rühren beides vermischen. Butter, Meersalz und Vanillezucker unterrühren.
5. Das Ganze unter Rühren so lange bei schwacher Hitze köcheln, bis eine dickflüssige Soße entsteht. Am besten noch lauwarm über die Bratäpfel geben.

TIPP:
Abgekühlt und in sterile Flaschen gefüllt, hält sich die Toffeesoße 1 Woche im Kühlschrank.

BRIOCHE MIT KARAMELLISIERTEN NÜSSEN

Brioche gehört zu den »Zauber«-Lebensmitteln, die im Spiel rund um den Witcher Kraft geben. Diese hier werden zwar niemandem Zauberkräfte verleihen, aber für einen Moment wird es wahrscheinlich jeden sehr glücklich machen, denn die Brioche sind nicht nur schnell gemacht, sondern auch unglaublich lecker.

FÜR 8 STÜCK

100 ml Milch
1 Würfel Frischhefe
1 Prise Salz
150 g Zucker
450 g Mehl
abgeriebene Schale von 1 Bio-Orange
4 Eier
150 g Butter, Zimmertemperatur
100 g Haselnüsse, gehackt
100 g Sonnenblumenkerne
1 Eigelb

1. Milch erwärmen und Hefe, Salz und 1 TL Zucker darin auflösen und 15 Minuten quellen lassen. Mehl, Orangenschale, Eier, Butter und zwei Drittel des Zuckers unterkneten. Teig mit einem Tuch abdecken und an einem warmen Ort 60 Minuten gehen lassen.
2. Nüsse und Sonnenblumenkerne in einer beschichteten Pfanne ohne Fett anrösten, den restlichen Zucker zugeben und unter Rühren karamellisieren.
3. Zwei Drittel der Nussmasse unter den Teig kneten. Teig zu 9 Kugeln formen und 8 Kugeln in die Briocheförmchen setzen. Aus der neunten Kugel wiederum 8 kleine Kugeln formen und mittig auf die Briochekugeln setzen.
4. Eigelb verquirlen, Brioche mit dem Eigelb einpinseln und die restlichen karamellisierten Nüsse darauf verteilen.
5. Nochmals 30 Minuten gehen lassen. In der Zwischenzeit den Backofen auf 160 °C Umluft (Ober-/Unterhitze: 180 °C) vorheizen. Brioche im Backofen 40 Minuten goldbraun backen.

SCHOKOLADENSOUFFLÉ

Schokoladensoufflé? Ein wirklich tolles Dessert, denn diese kleinen Schokoladentörtchen mit flüssigem Kern sind einfach zu lecker. Kein Wunder, dass das Verspeisen dieser Süßspeise auch im Spiel *The Witcher 3* ordentlich Power gibt.

FÜR 6 STÜCK

etwas Butter für die Förmchen
200 g Zartbitterschokolade
120 g Butter
4 Eier
100 g Zucker
1 Päckchen Vanillinzucker
1 Prise Salz
80 g Mehl
etwas Puderzucker zum Bestreuen

1. Backofen auf 160 °C Umluft (Ober-/Unterhitze: 180 °C) vorheizen. 6 Souffléförmchen einfetten.
2. Schokolade grob hacken. Butter in einem Topf langsam schmelzen lassen. Vom Herd nehmen und die Schokolade unterrühren, bis sie aufgelöst ist. Eier zusammen mit dem Zucker, Vanillezucker und Salz schaumig rühren. Schokoladenmischung zugeben und unterrühren. Mehl zugeben und kurz verrühren.
3. Teig auf die Förmchen verteilen und auf der mittleren Schiene 13 Minuten backen. Küchlein aus dem Ofen nehmen, stürzen, mit Puderzucker bestäuben und sofort servieren.

HONIGGEWÜRZKUCHEN À LA RA'MSES GOR-THON

Lust, etwas auf Hexerart zu backen? Der Honiggewürzkuchen findet seinen Ursprung im Spiel *The Witcher 3 – Blood & Wine* und erinnert an ein altpolnisches Rezept für Lebkuchen. Dieses Rezept ist etwas vereinfacht und für einen Kastenkuchen gedacht, ohne selbstverständlich Einbußen im Geschmack hinzunehmen.

FÜR 1 KASTENFORM (CA. 13 x 20 CM)

etwas Butter für die Form
etwas Mehl für die Form
200 g Butter, Zimmertemperatur
150 g Waldhonig
3 Eier
250 g Mehl
½ Päckchen Backpulver
2 EL Lebkuchengewürz
2 TL Zimt
100 ml Milch
100 g getr. Datteln
100 g Rosinen

1. Backofen auf 160 °C Umluft (Ober-/Unterhitze: 180 °C) vorheizen. Eine Kastenform einfetten und mit Mehl bestäuben.
2. Butter schaumig rühren, Honig zugeben und 3 Minuten weiterrühren. Eier einzeln unterrühren. Mehl mit dem Backpulver, Lebkuchengewürz und Zimt vermengen und über die Buttermasse sieben. Milch zugeben und zu einem Teig verrühren. Datteln klein hacken und zusammen mit den Rosinen unter den Teig heben.
3. Teig in die Kastenform füllen und 50–60 Minuten goldbraun backen. Aus der Form stürzen und auf einem Kuchengitter abkühlen lassen. Mit Puderzucker bestäuben und genießen.

TIPP:
Dazu passt etwas Toffeesoße (s. Seite 64).

TOFFEE

Toffee, wie soll es auch anders sein, gehört zu den Superfoods des Witchers in *The Witcher 3 – Blood & Wine*. Ein klebriges Stück Fudge mit Powerkraft? Wahrscheinlich nur im Spiel, aber lecker ist es trotzdem.

FÜR CA. 20 STÜCK

125 g Butter
400 g gesüßte Kondensmilch
250 g brauner Zucker
2 EL Karamellsirup (wahlweise auch andere Geschmacksrichtung)
100 g weiße Schokolade

1. Butter in einem Topf zum Schmelzen bringen, Kondensmilch dazugeben und unterrühren. Zucker und Karamellsirup zugeben und unterrühren. Alles unter Rühren aufkochen lassen, die Hitze reduzieren und auf kleiner Flamme 10 Minuten eindicken lassen, dabei ständig weiterrühren. Schokolade hacken und unterrühren, bis diese vollständig geschmolzen ist.
2. Die Karamellmasse am besten auf ein Backblech streichen oder in eine eckige Backform (ca. 20 x 20 cm) geben und vollständig auskühlen lassen. Danach in Stücke schneiden.

DIE BESTEN CHOCOLATE CHIP COOKIES

Also, normalerweise prahle ich nicht so, aber diese Schokoladenkekse sind einfach der Knaller. Für mich die besten Kekse der Welt. Kein Wunder, dass der Chocolate Chip Cookie im Kampf gegen das Böse Kraft geben kann.

FÜR CA. 30 COOKIES

250 g Schokolade
150 g Butter, geschmolzen und abgekühlt
300 g Mehl
1 Prise Salz
½ TL Backpulver
150 g brauner Zucker
90 g weißer Zucker
1 Päckchen Vanillezucker
1 Ei
1 Eigelb

1. Backofen auf 160°C Ober-/Unterhitze (Umluft: 140 °C) vorheizen. Ein Backblech mit Backpapier auslegen.
2. Schokolade grob hacken. Butter schmelzen und etwas abkühlen lassen. Mehl, Salz und Backpulver in einer Schüssel vermengen. Butter, braunen und weißen Zucker sowie Vanillezucker, Ei und Eigelb in eine Schüssel geben und cremig aufschlagen. Mehlmischung unterrühren. Gehackte Schokolade unterrühren.
3. Den Teig zu 30 Kugeln formen und 30 Minuten kaltstellen.
4. Je 10 Kugeln auf ein Backblech setzen und ca. 10 Minuten goldbraun backen.

TARTE TATIN

Tarte Tatin ist ein traditioneller französischer Apfelkuchen. Das Besondere an der Tarte Tatin? Die Karamellschicht, die beim Backen auf dem Boden der Form entsteht. So lecker. Kein Wunder, dass Geralt nach dem Verspeisen einer Tarte Tatin mehr Power erhält. Die Tarte Tatin kann man toll in einer ofenfesten Pfanne zubereiten.

FÜR 8 PORTIONEN

- 1 Packung frischer Blätterteig aus dem Kühlregal (ca. 280 g)
- 3 Äpfel (z. B. Boskop)
- 80 g Zucker plus 1 TL Zucker
- 30 g Butter
- Zimt zum Bestreuen (nach Belieben)
- Puderzucker zum Bestäuben

1. Backofen auf 220 °C Ober-/Unterhitze (Umluft: 200 °C) vorheizen.
2. Äpfel waschen, entkernen, schälen und in ca. 5 mm dicke Spalten schneiden. Den Zucker in die Pfanne geben und bei mittlerer Hitze unter Rühren schmelzen lassen, bis er eine goldbraune Farbe angenommen hat.
3. Pfanne vom Herd nehmen und die Butter unterrühren, sodass sich die beiden Komponenten schön verbinden.
   Nun die Apfelscheiben darauf verteilen. Mit Zimt bestreuen. Blätterteig entrollen und gerafft über die Äpfel legen. Mit einer Gabel mehrmals einstechen und mit dem restlichen Zucker bestreuen.
4. Im Ofen 20 Minuten goldbraun backen. Anschließend mit Hilfe eines flachen Tellers die Tarte stürzen und abkühlen lassen. Vor dem Servieren mit Puderzucker bestäuben.

QUARKTALER

In Episode 8 *Viel mehr* fantasiert Geralt auf dem Pferdekarren und geht zurück in die Vergangenheit, wo er als kleiner Junge am Tisch seiner Mutter saß und sie ihm frische Quarktaler mit Beeren servierte. Grund genug, dieses Gericht in die Gegenwart zu holen.

FÜR 6 STÜCK

250 g Mehl
2 TL Backpulver
50 g Zucker
1 Päckchen Vanillezucker
125 g Magerquark
60 ml Sonnenblumenöl
80 ml Milch
etwas Mehl zur Teigverarbeitung

Für den Belag:
1 Eigelb
2 EL Milch
350 g Beeren
125 g Magerquark
1 EL Stärke
50 g Zucker

1. Backofen auf 160 °C Umluft (Ober-/Unterhitze: 180 °C) vorheizen. Ein Backblech mit Backpapier auslegen.
2. Mehl mit Backpulver, Zucker und Vanillezucker in einer Schüssel vermengen. Quark, Öl und Milch zugeben und alles zu einem Teig verkneten. Teig in 6 Portionen teilen und jeden Teigling zu einem großen Taler flach drücken (ca. 12 cm Ø). Auf das Backblech legen.
3. Für den Belag das Eigelb mit der Milch verquirlen und die Teigtaler damit bestreichen.
4. Beeren waschen und je nach Größe halbieren. Magerquark mit der Speisestärke und dem Zucker verrühren. Quarkmasse mittig auf die Taler geben und die Beeren darauf verteilen. Im Ofen ca. 18 Minuten goldbraun backen.

HONIG-CROISSANTS

Habt ihr schon einmal Croissants selbst gemacht? Der Aufwand lohnt sich wirklich. Im Spiel *The Witcher* scheint Geralt durch das Verspeisen eines Croissants für eine gewisse Zeit eine Superkraft zu erhalten. Hier ein Grundrezept, welches einfach zu handhaben ist.

FÜR 16 STÜCK

250 ml Milch
30 g Hefeflocken
500 g Mehl plus 50 g
200 g Butter plus 50 g, Zimmertemperatur
1 Ei
1 TL Salz
3 TL Waldhonig
1 Eigelb
3 EL Milch

1. Milch auf etwa 30 Grad erwärmen und zusammen mit der Hefe, 500 g Mehl, 50 g Butter, dem Ei und dem Salz zu einem glatten Teig verkneten.
2. Restliche Butter mit dem restlichen Mehl verkneten und zu einer Butterplatte (15 x 18 cm) ausrollen.
3. Hefeteig und Butterplatte über Nacht im Kühlschrank lagern. Am nächsten Tag den Teig mit der Butterplatte verkneten und zu einer Größe von 50 x 50 cm ausrollen. Platte einmal halbieren und insgesamt 16 Dreiecke ausschneiden. Dreiecke mit etwas Honig bestreichen und zu einem Croissant von der langen Seite her aufrollen.
4. Backofen auf 180 °C Umluft (Ober-/Unterhitze: 200 °C) vorheizen. Eigelb und Milch verquirlen und die Croissants damit einpinseln. Croissants in den Backofen schieben und ca. 20 Minuten goldbraun backen.

GERALTS JUNIOR-OBSTSALAT

Nachdem Geralt in Episode 8 böse angegriffen wurde, verfällt er immer und immer wieder in einen kurzen Tiefschlaf, in dem er sich als kleiner Junge an einem großen Tisch mit Leckereien sitzen sieht – darunter auch eine große Schale mit frischen Früchten, aus der ihm seine Mutter sicherlich einen bunten Obstsalat zaubert.

FÜR 1 PORTION

6 Erdbeeren
1 Granatapfel
1 Orange
20 Weintrauben
20 Heidelbeeren
1 Birne
1 EL Zitronensaft

Die Obstsorten entsprechend waschen oder schälen und wenn nötig in mundgerechte Stücke schneiden. Mit dem Zitronensaft vermengen.

TIPP:

Meist reicht das Grundrezept schon aus, um ein leckeres Frühstück zu haben. Aber probiert ruhig mal ein paar andere Variationen aus. Mit Naturjoghurt vermischt erhält das Obst eine leicht saure Geschmacksnote. Für die Erwachsenen einfach mal einen Schuss Mandellikör oder Rum untermengen. Wer es süßer mag, kann ein Päckchen Vanillezucker unter den Obstsalat rühren. Und damit es nicht langweilig wird, könnt ihr euch auch an verschiedene Toppings wagen. Wie wäre es mit ein paar gehackten Nüssen oder etwas Krokant? Dazu eine Kugel Vanilleeis oder ein Sorbet. Somit wird das gesunde Frühstück zum frischen Dessert.

SÜSSE PASTETEN

Wie findet Geralt den Gesang des Barden? Ganz klar. Er hört sich an wie eine Pastete ohne Füllung. Oh je ... das hat gesessen. Hier ist für euch eine süße Pastete mit Füllung.

FÜR 4 PORTIONEN

4 Blätterteigpasteten (à 25 g)
6 EL Puderzucker
100 g Erdbeeren
100 g Himbeeren
100 g Heidelbeeren
2 EL Limettensaft
200 ml Schlagsahne
1 Päckchen Sahnesteif
100 g Kokosjoghurt
3 EL Kokosraspel

1. Backofen auf 220 °C Ober-/Unterhitze (Umluft: 200 °C) vorheizen.
2. Die Blätterteigpasteten mit 2 EL Puderzucker bestäuben. Pasteten ca. 8 Minuten backen, bis der Puderzucker geschmolzen ist.
3. Erdbeeren waschen und vierteln, Himbeeren und Heidelbeeren ebenfalls waschen. Die Beeren mit Limettensaft und 3 EL Puderzucker vermengen.
4. Schlagsahne, Sahnesteif und den restlichen Puderzucker steif schlagen. Kokosjoghurt unterrühren.
5. Sahne mit den Beeren üppig in die Pasteten füllen und mit Kokosraspeln bestreuen.

SWEET BUNS

Die fluffigen »Sweet buns« gehören in den Spielen zum Superfood und scheinen die verlorenen Kräfte zu maximieren. Da kann man dann ruhig mal zugreifen.

FÜR 8 STÜCK

250 g Mehl
5 g Frischhefe
25 g Zucker
½ TL Salz
110 ml warmes Wasser
1 Ei
25 g Butter, Zimmertemperatur
50 g Erdbeermarmelade
50 g kandierte Früchte

1. Mehl, Hefe, Zucker und Salz vermengen. Wasser zugeben und verrühren.
2. Ei verquirlen. Die Hälfte des Eies zur Mehlmischung geben und verrühren. Butter unterkneten.
3. Teig abgedeckt an einem warmen Ort 30 Minuten ruhen lassen. Aus dem Teig 8 runde Kugeln formen und 10 Minuten gehen lassen.
4. Jede Kugel ausrollen (ca. 8 cm Ø) und in die Mitte etwas Erdbeermarmelade und kandierte Früchte geben. Die Füllung von allen Seiten einwickeln und verschließen, sodass wieder eine Kugel entsteht. Nochmals 30 Minuten gehen lassen.
5. Unterdessen den Backofen auf 200 °C Umluft (Ober-/Unterhitze: 220 °C) vorheizen.
6. Das restliche Ei auf die Kugeln pinseln und im Ofen 20 Minuten goldbraun backen.

GETRÄNKE

BIER-MOJITO

»Ein Bier für meinen Freund und eins für mich.« Renfri scheint schon beim Frühstück großen Durst zu haben. Laaaaangweilig auf Dauer, oder? Wie wäre es mit diesem wahrhaft leckeren Bier-Cocktail?

FÜR 2 PORTIONEN

1 cm frischer Ingwer
90 ml weißer Rum
1 Limette
1 Stängel frische Minze
1 TL brauner Zucker
Eiswürfel
250 ml Bier

1. Ingwer schälen, klein würfeln und zum Rum geben. Über Nacht ziehen lassen und am nächsten Tag den Ingwer entfernen.
2. Limette halbieren, zwei Scheiben abschneiden und beiseitelegen. Restliche Limette auspressen. Minzblätter mit braunem Zucker und dem Limettensaft in ein Gefäß geben. Gut vermischen und die Minzblätter leicht zerdrücken. Den weißen Rum zugießen.
3. Eiswürfel in ein großes Glas geben, die Minz-Limetten-Rum-Mischung hinzugeben und mit Bier auffüllen. Mit der Limettenscheibe garnieren.

PFEFFER
WODKA

HOMEMADE PFEFFER-WODKA

Getrunken wird ja in fast jeder Folge der Serie. Unmengen an Wein und Bier werden ganz unabhängig von der Tageszeit vernichtet. Auch im Spiel *The Witcher* gilt der Homemade Pfeffer-Wodka als Zaubertrank.

FÜR 750 ML

2 EL schwarze Pfefferkörner
750 ml Wodka

1. Pfefferkörner mehrfach mit einem scharfen Messer einritzen und in den Wodka geben. Wodka 7 Tage an einem kühlen, dunklen Ort ruhen lassen. Ab und zu schütteln.
2. Nach 7 Tagen den Wodka durch ein sehr feines Sieb gießen und in eine sterilisierte Flasche füllen.

TIPP:

Hier gilt es natürlich, verantwortungsvoll mit Alkohol umzugehen. Das bedeutet: genussvolles, geselliges und vernünftiges Trinken. Trinkt genügend Wasser oder alkoholfreie Getränke während des Alkoholkonsums.

DREIERLEI ZAUBERTRÄNKE

Was trinkt eigentlich der Witcher? Also, nicht in Form von Bier oder Wein, was wie im Schlaraffenland überall zugegen zu sein scheint, sondern eher so etwas wie ein Zaubertrank. Im Spiel kommen so viele Zaubertränke vor, doch scheinen die Rezepte ein Geheimnis zu sein. Lasst uns also ganz kreativ eigene entwickeln, denn wir müssen ja keine Monster besiegen.

Die drei Tränke »Cat«, »Swallow« und »Black Blood« scheinen die wichtigsten rund um das Spiel zu sein.

BLACK BLOOD

FÜR 1 PORTION

120 ml Sahne
Eiswürfel
250 ml kalter Kaffee kalt
30 ml Tequila
125 ml Kaffeelikör
1 Stängel frische Minze

1. 60 ml Sahne steif schlagen und beiseitestellen.
2. Eiswürfel in ein Cocktailglas geben. Kaffee, Tequila und Kaffeelikör verrühren und in das Cocktailglas gießen. Restliche Sahne zugießen und verrühren.
3. Mit steif geschlagener Sahne und Minze garnieren.

CAT

FÜR 1 PORTION

15 ml Zitronensaft
7 ml Midori-Melonenlikör
30 ml Kräuterlikör (z. B. Chartreuse gelb)
30 ml Wodka
Eiswürfel

Alle Zutaten in einen Cocktailshaker geben und kräftig durchschütteln. Eiswürfel in ein großes Glas geben und mit der Cocktailmischung aufgießen.

SWALLOW

FÜR 1 PORTION

40 ml Wodka
20 ml Blue Curaçao
10 ml Zitronensaft
Eiswürfel
Zitronen-Limetten-Limonade (z. B. Sprite)

Wodka, Blue Curaçao und Zitronensaft verrühren. Eiswürfel in ein großes Glas geben. Wodkamischung zugeben und mit Zitronen-Limetten Limonade aufgießen.

WEIDENRINDE-TRANK

In Episode 4 trinkt Ciri den Saft eines Baumes. Die Weidenrinde soll voller überraschender Substanzen stecken. Schon Hildegard von Bingen empfahl den Extrakt zur Unterstützung des physiologischen Wohlbefindens.

In der Antike wurde das Gehölz genutzt, um Fieber zu senken und Schmerzen zu lindern. In der Rinde (meist bevorzugt man die Weidenrinde der Silber- und Purpurweide) steckt Salicin, welches der Acetylsalicylsäure sehr ähnlich ist.

FÜR 500 ML WEIDENRINDE-TINKTUR

500 ml Wodka
1 Handvoll zerkleinerte Weidenrinde

1. Alles zusammen in ein Einmachglas geben und 4 Wochen ziehen lassen. Täglich einmal schütteln
2. Bei Bedarf: 10–15 Tropfen einnehmen oder als Trank mit 300 ml Wasser vermengen.

ZUR SICHERHEIT:

Dieses Hausmittel ist schon sehr alt, nicht wissenschaftlich erprobt und entspricht nicht unbedingt dem Stand der modernen Medizin. Es ist deshalb nicht als Ersatz für eine ärztliche Behandlung geeignet. Im Falle einer Erkrankung sollte immer ein Arzt konsultiert werden. Die Wirksamkeit und Unbedenklichkeit dieses Hausmittels kann nicht garantiert werden. Fragt euren Arzt oder Apotheker nach Nebenwirkungen bzw. Wechselwirkungen und anderen möglichen Gefahren, die auftreten können.

WASSER À LA BROKILON

Das Wasser von Brokilon ist ein magischer Trank der Dryaden. Der Trank macht sämtliche Erinnerungen an die Vergangenheit vergessen. Dieses »infused« Wasser wird deine Erinnerungen nicht beeinträchtigen, aber dich dafür an warmen Tagen super erfrischen.

FÜR 4 PORTIONEN À 400 ML

3 Teebeutel grüner Tee
1 ½ Bund frische Minze
80 g Zucker
750 ml kochendes Wasser
60 ml Zitronensaft
750 ml Granny-Smith-Apfelsaft
1 grüner Apfel
Eiswürfel

1. Teebeutel mit 1 Bund Minze und Zucker in eine Schüssel geben und mit dem kochenden Wasser übergießen. 5 Minuten ziehen lassen. Abseihen und abkühlen lassen.
2. Eine Karaffe oder Flasche mit dem Grüntee füllen und den Zitronensaft unterrühren. Apfelsaft zugeben und verrühren.
3. Apfel in Scheiben schneiden. Eiswürfel in vier Gläser geben und die Apfelscheiben auf die Gläser aufteilen, die restlichen Minzezweige verteilen und mit der Grünteemischung aufgießen.

WITCHER'S BEST

In Folge 4 *Bankette, Bastarde und Begräbnisse* trinkt der Hexer einen gelblichen Zaubertrank, um stärker zu werden und gegen die Schutzmauer anzukämpfen.

FÜR CA. 1 L

1 Bio-Orange
5 g Kardamomsamen
5 g Sternanis
5 g Anissamen
5 g Süßholz, geraspelt
5 g Muskatblüte, ganz
5 g Zimtstange
5 g Nelken
5 g Korianderkörner
5 g Fenchel
5 g Muskatnuss, grob zerstoßen
½ getr. Ingwerwurzel, in feine Scheiben geschnitten
250 ml Wodka
250 ml Wermutwein
150 g Blütenhonig
etwas warmes Wasser
500 ml Orangensaft

1. Die Schale der Orange fein abreiben. Orangenschale und übrige Gewürze in ein Gefäß geben, mit Wodka und Wermutwein übergießen und 14 Tage verschlossen stehen lassen. Danach filtrieren.
2. Den Honig in warmem Wasser verflüssigen und zum Filtrat geben. Orangensaft zugeben und verrühren.
3. Jeden Tag ein kleines Likörgläschen trinken.

SCHNAPS DER BARDEN

Am See hat er sich verraten: Rittersporn, der Barde, trinkt gern mal einen großen Schluck aus seinem Flachmann. Darin verbirgt sich sicherlich ein selbst gemachter Kräuterschnaps.

FÜR CA. 1,5 L

3 Lorbeerblätter
3 Gewürznelken
1 Vanilleschote
1 Prise Anissamen
1 EL Kamilleblüten
2 TL Fenchelsamen
40 g frische Minze
4 g Salbeiblätter
3 g Liebstöckelblätter
4 g Thymian
1 Stange Zimt
abgeriebene Schale von 1 Bio-Zitrone
1 l Kornbrandwein (Schnaps)
250 g weißer Rohrzucker
400 ml Wasser

1. Alle Kräuter in einem Mörser zerstoßen und in ein großes Gefäß mit Deckel geben. Zitronenzesten hinzugeben. Schnaps zugießen, umrühren und verschließen. Mischung 5 Wochen an einem dunklen, kalten Ort ziehen lassen.
2. Zucker mit 400 ml Wasser aufkochen, bis der Zucker sich aufgelöst hat. Erkalten lassen. Zuckersirup ins Kräutergefäß geben. Nochmals 2 Wochen ziehen lassen, dann durch ein Sieb streichen und durch ein Baumwolltuch filtern. In saubere Flaschen füllen und im Keller lagern. Hin und wieder ein Schlückchen genießen.

CHIREADANS TRANK DER ELFEN

Chireadan, der Elf, hat eine Menge an Heiltränken zu bieten. Leider gibt der Elf nur ungern seine Rezepte preis. Deswegen gibt es hier für euch einen »Iced Matcha Latte«, den Chireadan sicherlich auch ausgewählt hätte.

FÜR 2 PORTIONEN

1 TL Matcha-Pulver
3 TL heißes Wasser
1 TL Honig
Eiswürfel
120 ml Kokosnussmilch
380 ml Mandelmilch

Matcha mit dem heißen Wasser verrühren, bis sich das Pulver vollständig aufgelöst hat. Eiswürfel auf 2 Gläser verteilen. Matchamischung auf die Gläser aufteilen und mit Kokosnussmilch und Mandelmilch aufgießen. Mit Honig süßen.

BALDRIANTEE

In Folge 8 *Viel mehr* wird dem Hexer Baldrian verabreicht. Das macht ihn müde. Man sagt der Baldrianwurzel genau diesen Effekt nach. Es soll beruhigend, krampflösend und entspannend wirken. Baldrian ist in der Botanik bekannt als »Valeriana«, was vom lateinischen Wort für »gesund sein« (valere) abgeleitet wurde.

FÜR 1 PORTION

250 ml Wasser
2 TL Baldrianwurzel

Wasser aufkochen und kurz abkühlen lassen. Das heiße Wasser über die Baldrianwurzel gießen und 10 Minuten ziehen lassen. Abseihen und genießen.

Gute Nacht.

ZUTATENREGISTER

DANKSAGUNG

Ich könnte nicht das tun, was ich tue, wenn es nicht Menschen geben würde, die mir Kraft geben und den Rücken frei halten.

Danke an das riva-Team, Jens, Nadine, Petra, Philip Frederick, Sabine, Sandra, Sven, Thorsten, Uwe und an all meine fantastischen Leser, die meine ganzen Rezepte, die ich auf meiner Website veröffentliche, kochen, backen und essen.

Website: https://www.patrickrosenthal.de

Instagram: patrick_rosenthal

Facebook: facebook.com/patrickrosenthal.de